ORAISON FUNÈBRE

DE

MONSEIGNEUR DE SIMONY,

ÉVÊQUE DE SOISSONS ET LAON,

PAR M. L'ABBÉ RUELLAN,

VICAIRE GÉNÉRAL.

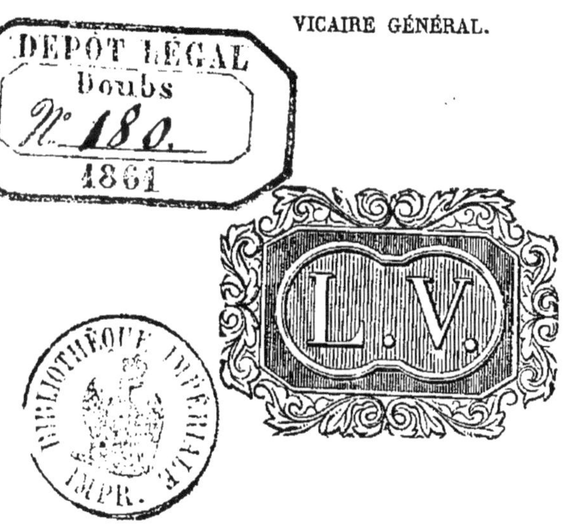

PARIS

LOUIS VIVÈS, LIBRAIRE-ÉDITEUR,

RUE DELAMBRE, 5.

—

1861

NOTICE

SUR M. L'ABBÉ RUELLAN,

Vicaire général titulaire du diocèse de Soissons.

M. l'abbé Ruellan n'était point originaire du diocèse de Soissons, qu'il habitait depuis vingt-six ans. C'est à Saint-Père, canton de Château-Neuf, arrondissement de Saint-Malo, diocèse de Rennes, qu'il était né d'une honorable famille de cultivateurs un peu avant le commencement du siècle. C'était un enfant de cette Bretagne si féconde en hommes distingués et pour laquelle il a conservé jusqu'à son dernier jour un si tendre et si religieux souvenir.

François-Thomas Ruellan manifesta de très-bonne heure les heureux dons qu'il avait reçus de la nature, et il avait dix ans à peine qu'un ecclésiastique breton, qui habite aujourd'hui Saint-Malo, prophétisait déjà qu'il réussirait également dans toutes les carrières qu'il lui conviendrait de choisir. Il fit avec le plus grand succès ses humanités dans une institution ecclésiastique de Saint-Malo, dirigée par M. l'abbé Vieille, originaire du diocèse de Noyon, et ses condisciples se rappellent encore qu'il était toujours le premier de sa classe.

Il eut aussi pour maître le frère du célèbre auteur de l'*Essai sur l'indifférence,* M. l'abbé Jean-Marie de Lamennais, aujourd'hui grand vicaire honoraire de Rennes, et fondateur d'un institut de Frères des écoles chrétiennes, destiné à porter aux jeunes enfants les bienfaits d'une éducation morale et religieuse jusque dans les contrées les plus lointaines du Nouveau-Monde. C'est à ce vénérable prêtre, qui n'a pas suivi la même voie que celui qui aurait pu porter le même nom avec tant d'éclat pour la gloire de la religion, que M. Ruellan attribuait d'avoir développé en lui le premier germe de sa vocation sacerdotale.

Après avoir terminé ses humanités, M. Ruellan entra au grand séminaire de Rennes, où il étudia avec non moins de succès la théologie. Il fut apprécié tout d'abord par l'un des grands vicaires du diocèse, M. l'abbé Milhaux, qui se l'attacha comme secrétaire

intime, et qui, appelé en 1823, à l'évêché de Nevers, voulut
l'emmener avec lui. M. Ruellan qui, aussitôt après sa promotion
à la prêtrise avait été nommé professeur de dogme au grand
séminaire, refusa alors de quitter sa chère Bretagne, nonobstant
les offres brillantes qui lui étaient faites ; et il ne fallut rien moins
que l'ordre exprès et absolu de son évêque pour le décider plus
tard à rompre les liens qui l'attachaient au sol natal, lorsqu'en
1825, M⁰ʳ de Simony, élevé au siége de Soissons, réclama avec
les plus vives instances, de son collègue de Rennes, de lui donner,
pour partager le fardeau de l'épiscopat, le jeune professeur de
théologie dont on lui avait dit tant de bien.

C'est ici le lieu de dire un mot d'une scène touchante qui se
passa à cette occasion et qui montre jusqu'à quel point M. l'abbé
Ruellan portait l'esprit de soumission et d'obéissance envers
l'épiscopat. M⁰ʳ de Lesquen, ancien évêque de Beauvais, qui
gouvernait alors l'église de Rennes avec autant de prudence que
de sagesse, ne pouvait consentir qu'avec un extrême regret à se
séparer d'un jeune prêtre qui avait toutes ses sympathies ainsi
que celles de son clergé ; mais, d'un autre côté, il lui était pénible de répondre par un refus à M⁰ʳ de Simony, dont la réputation de bonté, de douceur et de sainteté était déjà connue et
appréciée. Placé dans une pareille alternative, et consultant le
bien de la religion de préférence aux affections de son cœur, le
vénérable évêque de Rennes prit à l'instant même une détermi-
nation décisive. Il fit appeler le jeune professeur de théologie à
l'issue de sa classe, et lui commandant de se mettre à genoux
devant lui : « Vous m'avez promis, lui dit-il, au jour de votre
ordination, une obéissance entière et une soumission absolue.
Renouvelez la même promesse entre mes mains. » M. Ruellan
ayant déféré à cet ordre sans explication, sans mot dire, avec la
discrétion et l'humilité qui le caractérisaient, M⁰ʳ de Lesquen
le releva alors avec une grande bonté, le serra dans ses bras,
et, versant d'abondantes larmes, il ajouta : « Dès ce moment
vous ne m'appartenez plus ; vous êtes à M⁰ʳ de Simony. Vous
partirez ce soir même pour Soissons sans que rien transpire ici
de ce qui s'est passé entre nous. » M. Ruellan, dominant son
émotion avec cette force de caractère qui lui était propre, quitta
Rennes le jour même sans prendre congé de personne ; et ce fut
seulement le lendemain, à l'ouverture de la classe de morale,
que le professeur lut en pleurant aux jeunes séminaristes une

lettre de Mgr de Rennes qui annonçait cette cruelle séparation.
Les amis de M. Ruellan savent d'ailleurs que ce n'est pas la seule
fois qu'il inclina sa volonté devant celle de ses supérieurs, et
qu'il ne fallut rien moins que l'ordre exprès et formel de Mgr de
Simony pour qu'il ne le suivît pas dans sa retraite. Il n'y a que
les honneurs que M. l'abbé Ruellan se sentait invinciblement
porté à refuser, imitant en cela celui qu'il avait pris en tout pour
modèle, et qui écrivait à sa sœur, à une époque où, pour la première fois, il avait été question de lui pour l'épiscopat : « J'ai été
» placé sur la liste, mais une main plus amie m'en a fait rayer.
» Puisse mon nom ne plus se trouver sous la plume de celui
» qui encourt une si grave responsabilité ! »

M. l'abbé Ruellan arriva à Soissons en 1825, et il fut accueilli
avec autant de bienveillance que de faveur par Mgr de Simony
qui, avec cette connaissance du cœur humain qu'il avait à un si
haut degré, apprécia immédiatement le riche trésor que Dieu
venait de lui donner. Il reçut un accueil non moins franc et non
moins cordial de MM. de Bully, de la Loge et Formantin, vicaires
généraux ; et il aimait à rappeler que ce dernier, entre autres,
lui avait toujours témoigné la tendresse, l'affection et la sollicitude d'un père.

Depuis ce moment jusqu'au jour où l'âge et les infirmités de la
vieillesse contraignirent Mgr de Simony de se démettre de ses
fonctions, M. l'abbé Ruellan ne le quitta plus. Il fut d'abord son
secrétaire intime et devint successivement chanoine honoraire
de l'église cathédrale, chanoine titulaire, grand vicaire honoraire
du diocèse, vicaire général en titre après le décès de M. de la
Loge. Dans ces diverses fonctions il prit une large part à l'administration du diocèse et, lorsqu'en 1843, le vénérable M. de Bully,
de si douce et si sainte mémoire, fut frappé de mort subite, il
lui succéda comme doyen du chapitre. M. l'abbé Ruellan, par
la droiture de son cœur, par la sagesse de ses conseils, et par cet
esprit de justice et de tolérance qui ne l'abandonnait jamais,
contribua plus que personne à assurer à l'administration de
Mgr de Simony cette juste et légitime popularité qui a laissé des
traces si profondes dans le clergé du diocèse comme dans toutes
les classes de la société.

M. Ruellan n'était pas seulement un saint prêtre, un ecclésiastique d'une admirable régularité, d'un savoir profond, d'une
vertu à toute épreuve ; c'était encore un homme de mœurs douces,

du caractère le plus aimable, portant, dans la société où il était recherché et apprécié, les formes les plus exquises, la conversation la plus intéressante et la plus variée. Il ne semblait étranger à aucune des connaissances humaines, et il parlait de tout à propos et de la manière la plus attachante pour ses auditeurs. Tout plein encore des souvenirs et des impressions de son enfance, il prenait un plaisir tout particulier à parler de la mer, des épisodes qui s'étaient passés sous ses yeux lors des guerres maritimes de l'empire et des combats dans lesquels la marine française s'était illustrée. Il aimait et cultivait les fleurs, justifiant jusque dans cette innocente distraction cette pensée de poète :

« Qui sait aimer les fleurs, sait aimer la vertu. »

M. Ruellan avait une éloquence douce et persuasive, merveilleusement propre à exercer sur la jeunesse une heureuse influence par le charme d'une parole toujours élégante et pure, et par des pensées fines et délicates appropriées à l'intelligence de ses auditeurs. On se rappelle encore tout le bien qu'il produisait dans les tournées de confirmation, où il accompagna Mgr de Simony pendant plus de vingt années. Il n'obtenait pas moins de succès dans les institutions religieuses où, à certaines époques de l'année, il faisait des instructions et des conférences. Les dames de l'Hôtel-Dieu et de l'hôpital de Soissons, de l'Enfant-Jésus de la même ville, de la Providence de Laon et de Notre-Dame-de-Bon-Secours de Charly, dont il était le supérieur, garderont un éternel souvenir de la sage direction qu'il avait imprimée à leurs communautés et des excellents conseils qu'elles recevaient de lui toutes les fois qu'elles avaient besoin d'avoir recours à ses lumières.

Plein de modestie et de défiance de lui-même, il n'abordait que rarement la chaire de la cathédrale, et cependant, toutes les fois qu'on le décidait à y monter, il y laissait des traces salutaires de son passage... Chacun se rappelle encore le magnifique sermon qu'il prononça, il y a plusieurs années, le jour de Pâques, dans lequel toutes les preuves de la résurrection étaient déduites avec une clarté, une précision et un enchaînement qui formaient le cachet principal de son talent. A ceux au surplus qui auraient pu douter de ses facultés oratoires, on peut opposer, comme argument sans réplique, le dernier morceau sorti de sa plume, cette admirable oraison funèbre de Mgr de Simony, qui excita un si vif et si légitime enthousiasme, lorsqu'une voix amie en donna lecture au nom de M. Ruellan, qui déjà était sur le lit de douleur qu'il ne devait plus quitter. Un des hommes les plus compétents pour apprécier un pareil travail, répétait, il y a peu de jours encore à l'auteur de ces lignes, qu'il n'avait jamais entendu un discours qui l'eût aussi vivement impressionné. Espérons que ce chef-d'œuvre sera bientôt dans les mains de tous ceux qui savaient reconnaître en M. l'abbé Ruellan l'accord d'un beau talent et d'un noble caractère.

M. l'abbé Ruellan était bon, charitable, sensible, et on peut dire de lui avec le même sentiment de justice et de vérité ce qu'il disait si éloquemment de Mgr de Simony : « Qu'on ne l'a pas vu » une seule fois refuser ou différer de secourir un pauvre ; qu'on » ne l'a pas entendu une seule fois dire une parole contre la » charité. » Plein de réserve et de discrétion, il concentrait en lui-même ses chagrins et ses peines sans jamais formuler la moindre accusation contre le prochain. Doué d'un tempérament singulièrement nerveux et impressionnable, il ressentait plus vivement qu'un autre les moindres froissements, les contrariétés les plus légères, mais il fallait deviner la cause de sa tristesse, car jamais un mot amer, échappé de sa bouche, ne laissait prise à des suppositions ou à des commentaires. C'était encore là autant de traits de ressemblance avec le digne évêque dont la mort avait produit sur lui une impression si profonde et si douloureuse.

Mais c'est surtout à son heure dernière, que la Providence s'est plu à multiplier les rapprochements entre lui et ce vénéré pontife. Ainsi, c'est dans la même maison où Mgr de Simony est mort que s'est déclarée la maladie terrible qui a conduit M. l'abbé Ruellan au tombeau. Même calme, même résignation, même fermeté, même courage dans les plus cruelles souffrances, et on pourrait ajouter, même sainteté ; car les bonnes sœurs qui ont soigné M. Ruellan avec tant de zèle et de dévouement, se regardaient comme embaumées par le parfum de tant de vertus. C'est d'une chambre du rez-de-chaussée, correspondante à celle du premier étage où Mgr de Simony a rendu le dernier soupir, que l'âme de M. Ruellan s'est envolée vers son Créateur. Enfin, c'est dans un salon placé précisément au-dessous de celui où avait été exposé à la vénération des fidèles le corps du saint évêque, que les restes mortels du saint prêtre ont reçu les derniers hommages d'une foule attentive, recueillie et respectueuse.

Puis, ce qui achève le tableau, c'est qu'on peut appliquer avec non moins de raison à M. l'abbé Ruellan ces paroles remarquables que le R. P. Chervaux, retraçant la fin de l'homme juste, appliquait à Mgr de Simony dans une péroraison touchante : « Heureux voyageur, il est parvenu au terme de son pèlerinage : » — fruit mûr pour le ciel, qui l'enviait à la terre, il a été cueilli » pour être transporté dans les greniers du père de famille : — » Ah! comme l'Apôtre, il a pu dire à son heure dernière, mes » combats ont été couronnés de succès ; — ma course s'est terminée heureuse et sans naufrage ; — il ne me reste plus, au » soir de la vie, qu'à recevoir la couronne de justice qui m'a été » promise. »

Ses derniers moments ont été dignes de sa vie. Il a vu approcher la mort avec la foi d'un chrétien et la fermeté d'un sage. Sa langue ne pouvait plus prononcer que des sons inarticulés qu'il s'associait encore avec une énergique puissance de volonté aux pensées religieuses que M. l'abbé Gobaille ne cessait de lui suggérer. — C'est le lundi 13 septembre, à dix heures du matin, que M. l'abbé Ruellan a succombé aux suites de la maladie cruelle qui le retenait depuis plus de quatre mois sur un lit de douleur.

Mgr de Garsignies, évêque de Soissons, à la tête d'un nombreux clergé, a présidé à ses obsèques qui ont eu lieu à l'église cathédrale, le mercredi 16 septembre, avec une grande pompe. Une foule de citoyens, appartenant à toutes les classes de la société, se pressaient dans la vaste basilique pour lui rendre les derniers devoirs, et après l'office funèbre, tous, sans exception, ont voulu, nonobstant une violente tempête, le conduire au champ du repos et lui dire un dernier adieu.

Assurément la perte d'un homme aussi distingué, mort à l'âge de cinquante-sept ans, et alors qu'il pouvait rendre encore tant de services à l'humanité, serait de nature à décourager, si elle n'était tempérée par le consolant espoir de le revoir un jour.... Déjà lui-même a retrouvé pour ne plus le quitter le saint évêque auquel il avait consacré sa vie. Et si, comme tout donne lieu de l'espérer, ils sont aujourd'hui réunis dans le ciel, on peut affirmer que leur mémoire ne sera pas non plus séparée sur la terre. Car, tant que la vertu conservera ici-bas son empire, les noms vénérés de Jules-François de Simony et de François-Thomas Ruellan, indissolublement liés l'un à l'autre, resteront en honneur parmi les hommes.

CUVILLIEZ, avoué.

ORAISON FUNÈBRE

MONSEIGNEUR DE SIMONY.[1]

———————

Dilectus Deo et hominibus : cujus memoria in benedictione est.

Il fut aimé de Dieu et des hommes, et sa mémoire est en bénédiction. (*Ecclésiastique*, XLV, 1.)

MONSEIGNEUR,

C'est au législateur des Hébreux que l'auteur inspiré a rendu le beau témoignage que je viens de répéter.

Mais ne vous semble-t-il pas, chrétiens mes frères, que la gloire qui ressort de ce magnifique éloge n'appartient plus aujourd'hui à Moïse seul, et qu'il est un autre personnage vénérable connu de vous, dont il nous est permis de dire en ce moment : Il fut aimé

---

[1] M. l'abbé Péronne fit précéder la lecture de cette oraison funèbre de l'avertissement qui suit :

Une maladie très-grave, survenue presque à la veille de cette grande cérémonie, vous prive d'entendre aujourd'hui la voix de l'orateur distingué qui avait été choisi pour célébrer les vertus du pieux et saint pontife à la mémoire duquel votre reconnaissance filiale a élevé un si magnifique monument. — Cependant, dans la triste nécessité qui lui est faite de garder aujourd'hui le silence, sa modestie a cédé aux instances d'une autorité qui lui est vénérable et chère, et il a bien voulu me confier, avec ce manuscrit dépositaire de ses pensées et de ses sentiments, le soin de vous les communiquer moi-même en ce moment. — Tous, assurément, mes très-chers frères, vous devez vivement

1*

de Dieu et des hommes, et sa mémoire est demeurée
en bénédiction : *Dilectus Deo et hominibus, cujus memoria in benedictione est.*

Que signifie, en effet, cette solennité imposante?

Pourquoi cette affluence de fidèles que nous avons
dans ce moment sous les yeux? Comment se fait-il que
tant d'hommes de pensées, d'intérêts, d'affections,
d'occupations, de croyances même si diverses ou si
opposées, se sont comme donné le mot pour se réunir
au pied des saints autels?

C'est que tous se sont dit : Allons, car on honore
aujourd'hui l'un de ces hommes qui, par le privilége
spécial d'une incontestable vertu, se sont fait aimer
de leurs semblables, sans cesser de chercher avant
tout la grâce et l'amitié de Dieu : *Dilectus Deo et hominibus.* Bien plus, et si des hommes auxquels la religion est chère, et que les difficultés ne rebutent pas
lorsqu'il s'agit de faire éclater leur estime pour les
amis de Dieu, se sont employés avec un zèle digne des
plus grands éloges pour faire élever dans cette église
le monument dont nous faisons en ce moment même
l'inauguration; si l'appel qu'ils ont fait pour cela à
toutes les classes de la société a été entendu, à ce

regretter que son cœur ne puisse animer ces paroles, que son
cœur surtout lui a dictées, et dont je ne pourrai vous donner,
quoi que je fasse, qu'une lecture pâle et décolorée. — Toutefois,
mes très-chers frères, j'ai accepté avec dévouement cette tâche
que je viens remplir près de vous, persuadé que, dans le silence
forcé du conseiller, du confident et de l'ami de Mgr de Simony,
vous trouveriez quelque dédommagement en entendant la lecture
d'un discours qu'il destinait à remettre sous vos yeux, dans cette
circonstance solennelle, l'image de tant de vertus et le souvenir
précieux d'une si belle vie.

point qu'ils ont pu employer pour l'exécution le ciseau d'un des plus habiles statuaires de notre époque; enfin, si nos magistrats ont cru, avec raison, qu'ils s'honoraient eux-mêmes en votant à cette fin une somme considérable, et si ils y ont mis une touchante unanimité, c'est, n'en doutez pas, que Dieu qui promet à l'homme juste qu'on se souviendra toujours de lui, a voulu nous montrer que la mémoire de son serviteur doit demeurer en bénédiction dans les lieux qui furent les heureux témoins de ses vertus. *Cujus memoria in benedictione est.*

Cet éloge, dont nous empruntons les termes à l'Esprit saint, convient si bien à notre vénérable pontife, qu'il semble qu'après le lui avoir appliqué, je n'ai plus qu'à descendre de cette chaire; du moins est-il vrai que je ne pourrai rien dire de lui qui ne soit admirablement renfermé dans ce peu de paroles. Je sens bien toutefois que je dois répondre autant que je le puis à l'attente de ce nombreux et religieux auditoire, et je ferai, selon mes forces, l'éloge des vertus de Mgr Jules-François de Simony, évêque de Soissons et Laon.

Dès qu'un homme se distingue du commun et fixe sur lui l'attention de ceux qui le connaissent, on peut être sûr qu'il y a en lui un trait particulier qui domine les autres qualités sans les exclure, et qui devient, en quelque sorte, le caractère de la personne.

En Mgr de Simony, on peut dire que c'est la piété. Or, cette piété qui fut le caractère distinctif de sa vie, sera aussi l'objet particulier de l'éloge que nous allons en faire. Dans la première partie, nous considérerons sa piété comme source de son bonheur personnel; dans la seconde, nous l'envisagerons comme principe de ses bonnes œuvres, c'est-à-dire que nous montrerons d'abord ce que la piété fait en lui pour le rendre heureux ; et, ensuite, ce que la piété fait par lui pour l'avantage du prochain.

Jamais, peut-être, il ne fut donné à un prédicateur de parler devant des auditeurs mieux disposés. Ici nulle contradiction, nulle méfiance à redouter, mais plutôt assentiment absolu et certain à ce qui va vous être dit. Peut-être en conclurez-vous, que de cette disposition bien connue, doit résulter pour celui qui a l'honneur de parler devant vous un grand sentiment de confiance et beaucoup d'encouragement ; détrompez-vous, messieurs, c'est au contraire ce qui m'intimide davantage et me fait trouver plus difficile la tâche si honorable, d'ailleurs, dont j'ai été amené à me charger.

Si j'avais à louer un homme recommandable sans doute, mais peu connu de mes auditeurs, ils accepteraient ce que j'en aurais dit, et ne pourraient comparer le tableau avec le personnage qu'il serait censé représenter ; mais ici il en est tout autrement ; le souvenir des vertus de Mgr de Simony est vivant parmi vous ; ses traits mêmes sont demeurés gravés dans la mémoire, je ne dis pas seulement des habitants de la cité, mais de tout le diocèse où tant de fois, pendant son long épiscopat, on admira ses manières si nobles et si bienveillantes, son visage si calme et si doux, toute sa personne si digne et si vénérable. Tous ou presque tous l'ont vu, l'ont entendu ; tous ont admiré sa rare modestie ; tous ont de sa vertu la plus haute idée, et tous voudraient, avec raison, que ce discours les retraçât.

Les circonstances même dans lesquelles s'est passée ma vie, donne à mes auditeurs le droit d'être plus exigeants, et s'il arrive que ce que je dirai à sa louange ne s'élève pas à la hauteur de votre estime ou plutôt de votre admiration, j'aurai manifestement trompé votre attente; c'est là, messieurs, ce qui me fait redouter mon honorable mission et ce qui est cause que je ne l'aborde qu'en tremblant.

Puisse ma reconnaissance pour celui à qui, après Dieu, je dois tout, et surtout l'assistance de l'Esprit saint m'animer et me soutenir.

PREMIÈRE PARTIE.

Le Seigneur sait de tout temps ce qu'il veut faire, est-il dit au livre des Actes : *Notum est a sæculo Domino opus suum.* Lorsqu'il a de grands desseins particuliers sur un homme, et qu'il veut se servir de lui pour opérer de grandes choses, ou au moins donner à un siècle de précieux exemples de sainteté, on dirait qu'il porte toute son attention sur lui. L'artiste ne met pas plus de soin à choisir et préparer la matière dont il veut faire sortir un chef-d'œuvre, que le Seigneur n'en met à préparer ses serviteurs.

Sans doute, cette action ne paraît pas toujours aux yeux des hommes, et Dieu se plaît quelquefois à se dérober à leur curiosité ; qui eût pu, par exemple, dans un Saul blasphémateur du nom de Jésus, et insigne persécuteur de l'Eglise, deviner le Docteur des nations, l'Apôtre qui devait gagner à Jésus-Christ un si grand nombre de peuples? et cependant le Seigneur dit à Ananie que Saul est un vase d'élection : *Vas electionis est mihi iste;* qui, dans ce jeune homme esclave de l'orgueil et de la vanité, livré aux grossières et honteuses passions, affilié à la secte affreuse des Manichéens, dans Augustin enfin, pourrait entrevoir le père de tant de communautés de vierges pures qui suivent sa règle et s'honorent de porter son nom, l'humble auteur du livre des Confessions, et le grand défenseur de la foi contre tous les hérétiques de son temps?

Le plus souvent néanmoins les desseins du Seigneur paraissent, et le regard attentif les peut reconnaître aisément. Moïse, destiné à être le chef du peuple de Dieu, et à délivrer ses frères de la servitude de l'Egypte, est sauvé par la fille de Pharaon, et reçoit dans le palais même de ce monarque l'éducation des princes.

Jérémie est en quelque sorte sacré prophète avant même de voir le jour; saint Jean-Baptiste, qui doit être le précurseur de Jésus-Christ, est sanctifié dans le sein même de sa mère.

C'est ainsi que celui qui était destiné dans les vues de Dieu à s'asseoir sur un siége qu'avaient illustré tant de saints évêques que l'Eglise honore d'un culte spécial, fut lui-même prévenu dès sa naissance des bénédictions de douceur : *Prævenisti eum in benedictionibus dulcedinis;* et il plaça de bonne heure sur sa tête une couronne de pierres précieuses, c'est-à-dire qu'il l'orna dès sa plus grande jeunesse de ces vertus qui sont la seule richesse véritable du chrétien : *Et posuisti in capite ejus coronam de lapide pretioso.*

Jules-François de Simony, en l'honneur duquel nous sommes réunis aujourd'hui dans le temple du Seigneur,

naquit à Toulon le 29 juillet 1770 ; il fut le septième
enfant que François de Simony eut de son mariage avec
Marie-Charlotte d'Astour. Nous ne parlerons point de
l'ancienneté de sa famille, ni des charges importantes
et honorables que ses ancêtres occupèrent à diverses
époques ; la véritable noblesse d'un homme est bien
plus dans le nom qu'il se fait, que dans celui dont il
hérite.

Toutefois, nous ne pouvons nous empêcher de remarquer, après l'honorable historien de sa vie, que
les plus anciens monuments que nous ayons sur cette
ancienne et noble famille, sont des témoignages de sa
foi et de sa piété. Ainsi, dès 1230, Raymond de Simony,
qui l'année suivante trouva une mort glorieuse dans
un sanglant combat, avait fondé une chapelle de saint
Pierre dans la cathédrale de Sienne ; et deux ans plus
tard, son fils, Mélitius de Simony, dotait cette même
chapelle avec une munificence digne de celle de son
père. Au reste, quelques glorieux que soient ces souvenirs, Mgr de Simony ne les rappelait jamais. Ceux
même qui ont vécu avec lui dans l'intimité pendant un
grand nombre d'années, n'ont appris qu'après sa mort
l'illustration et l'antiquité de sa famille, et je ne sais
si jamais un mot a trahi son alliance avec la famille
de Bossuet.

Le jeune de Simony fut, dès l'enfance, destiné par
ses parents à l'état ecclésiastique ; je sais tout ce que
l'on peut dire contre ces arrangements de famille
auxquels des intérêts terrestres n'étaient pas toujours
étrangers ; mais si nous sommes obligés de reconnaître
que des calculs humains ont fait entrer dans l'Eglise
des hommes que leurs aptitudes et leurs goûts appe-

laient d'un autre côté, pourquoi ne conviendrait-on pas aussi que la piété de parents désireux de voir l'un de leurs enfants exclusivement consacré au culte des autels pouvait lui obtenir la grâce d'une sainte vocation?

Samuel, l'un des plus saints personnages de l'ancienne loi, ne fut-il pas promis à Dieu longtemps avant sa naissance? Sa pieuse mère le conduisit dans le temple, aussitôt qu'il fut en âge d'y être reçu; et ce n'était encore qu'un enfant, que déjà le Seigneur était avec lui, et que pas une de ses paroles ne tombait à terre, ainsi qu'il est dit de lui.

Quoi qu'il en soit, le jeune de Simony montra dès ses premières années les plus heureuses dispositions; peut-être qu'il eut pu dire, avec le Sage, qu'il avait reçu en partage une bonne nature, une âme bonne : *Sortitus sum animam bonam.* Il était à peine âgé de sept ans, lorsque ses parents le firent étudier dans le collége des Oratoriens à Toulon; il ne tarda pas à s'y distinguer par des succès éclatants, mais beaucoup plus encore par une douceur admirable, une grande égalité de caractère, et dès ce premier âge par une solide piété. A l'âge de onze ans, il fut consacré par Mgr de Vintimille. Cette cérémonie, ou plutôt ce premier pas dans la carrière ecclésiastique, fit une grande impression sur l'esprit du jeune clerc, quoiqu'il ne fut encore qu'un enfant; il considéra comme quelque chose de très-sérieux la promesse qu'il venait de faire au Seigneur, et à partir de ce moment il voulut constamment porter l'habit ecclésiastique, en témoignage de son renoncement au monde et de son engagement au service du Seigneur; il assistait constamment aux

offices de l'Eglise revêtu du surplis, et telle était l'édi-
fication que son assiduité et sa piété donnaient alors
aux fidèles, que vingt-cinq ans après, malgré les agita-
tions, et même les malheurs auxquels cette ville avait
été en proie dans l'intervalle, le souvenir n'en était
pas effacé. Là, sans doute, il contractait le goût des
saints offices et cette admirable assiduité avec laquelle
il y assista toujours pendant son long épiscopat, et
cette ponctualité non moins admirable, qui fut cause
que pendant le même laps de temps, et pour de si
nombreux offices, jamais il ne fit attendre le chœur.
Le nonce de sa sainteté à Paris, Mgr Fornari, à qui cette
particularité fut racontée depuis la mort de Mgr de
Simony, la jugeait si remarquable, qu'il voulait qu'on
en conservât le souvenir par écrit, ajoutant qu'il
n'était pas impossible qu'on eut à en déposer un
jour.

Cependant, le jeune abbé de Simony venait d'atteindre sa dix-septième année et de terminer ses
études. Comme le diocèse de Toulon ne possédait à
cette époque aucun de ces précieux établissements où
les jeunes ecclésiastiques sont formés tout à la fois
à la science, aux vertus et aux fonctions de leur saint
état, les parents de M. de Simony durent penser à
faire choix pour lui d'un des séminaires qui étaient
alors en réputation, et méritaient la confiance des familles et des évêques ; ils donnèrent la préférence au
séminaire de Saint-Sulpice, à Paris, séminaire où ont
été formés tant d'illustres pontifes, tant de prêtres
pieux et savants. Combien il dut en coûter à ces bons
parents de se séparer d'un fils tel que M. de Simony,
de se priver de la consolation si douce que leur donnait

incessamment cet enfant de bénédiction. Mais ils l'aimaient en parents chrétiens, c'est-à-dire pour luimême et non pour eux; ne savaient-ils pas d'ailleurs qu'il ne leur appartenait plus depuis qu'ils l'avaient en quelque sorte eux-mêmes offert et comme consacré au Seigneur?

Le départ de M. de Simony fut marqué par plusieurs circonstances que nous croyons ne pouvoir nous dispenser de rapporter. D'abord, il devait avoir pour effet de le séparer pour toujours de ses pieux parents, qu'il ne devait plus revoir ici-bas. C'était donc, sans qu'il s'en doutât, pour la dernière fois qu'il les embrassait; et c'était aussi pour la dernière fois qu'euxmêmes pressaient sur leur cœur ce jeune homme sur lequel ils faisaient reposer tout à la fois leurs plus douces affections et leurs plus chères espérances.

Sans doute qu'à ce moment, l'âme si bonne, si affectueuse du jeune abbé de Simony sentit un bien pénible déchirement. Mais ce qui dut y mettre le comble, ce fut la nécessité de se séparer de l'une de ses sœurs, de celle qui était le plus rapprochée de lui dans l'ordre de la naissance, et qu'une heureuse conformité de goûts, de pensées, de dispositions pour le bien unissait à son frère par les liens les plus intimes. Leur correspondance pendant les longues années de séparation, leur bonheur de se revoir lorsque la divine Providence leur en a ménagé plus tard l'occasion; la peine profonde qu'éprouva, plusieurs années après, le cœur du saint évêque lorsque Dieu appela à lui cette sœur chérie; peine qui fit pour ainsi dire éruption, lorsque, voyant un matin celui des ecclésiastiques que sa position, et beaucoup d'années passées auprès du saint évêque avait fait entrer plus avant dans la connaissance de ses affections, il lui dit en l'apercevant, et avec une émotion tout-à-fait inaccoutumée : « J'ai perdu ma sœur! » On eut dit que Dieu venait de lui arracher tout ce qui l'attachait eucore au monde. Mais il faut bien dire aussi que dans une famille qui comptait tant de membres recommandables, personne ne méritait plus que Mme de Villers d'occuper un cœur comme celui de Mgr de Simony. Rarement on peut trouver une âme aussi bonne, aussi véritablement désireuse du bien. Lire ce qui s'imprimait sur les progrès de la religion et les travaux des missionnaires; s'intéresser à la gloire de Dieu et à tout ce qui peut la procurer; s'oublier entièrement elle-même pour ne penser qu'au prochain; voilà sa vie. Unie par l'amitié et aussi par la reconnaissance pour des services reçus, aux temps de nos troubles politiques, à une famille étrangère qui avait le malheur de ne plus professer la vraie foi, Mme de Villers eut donné jusqu'à la dernière goutte de son sang pour la faire rentrer dans le sein de l'Eglise catholique; j'oserai presque dire qu'il n'y a pas une de ses nombreuses lettres qu'elle a écrites à son frère qui ne porte quelque trace de ce sentiment qui remplissait son cœur; pas un de ses entretiens intimes où son excellent cœur ne laissât échapper quelques vœux pour la conversion de ses amis ; pas une de ses prières où la demande de cette grâce ne trouvât place; et si un membre de cette famille a eu le bonheur de reconnaître la vérité et de finir sa vie dans la profession de la vraie foi, je ne suis pas téméraire en assurant qu'après Dieu c'est à Mme de Villers qu'il en a été redevable. Hâtons-nous de revenir à

M. l'abbé de Simony, que mon respect pour la mémoire de Mme de Villers vient de me faire oublier.

A l'époque où nous place l'histoire de notre vénérable pontife, des hommes de bien que Dieu éclairait de ses lumières, et auxquels il montrait les épouvantables progrès que l'irréligion et l'impiété faisaient chaque jour sous le nom trompeur de philosophie; des hommes de bien avaient fondé un établissement dépendant du séminaire de Saint-Sulpice, dans lequel on se proposait de recueillir les vocations naissantes afin de les mettre à l'abri de la séduction qui menaçait de tout envahir. C'est là que l'abbé de Simony fut placé à son arrivée à Paris. Il s'y fit remarquer par les mêmes qualités, les mêmes succès dans ses études, mais surtout par les mêmes vertus qu'à Toulon. On ne pouvait résister à l'empire que lui donnaient les grâces de son extérieur noble et simple tout à la fois, à la douceur de sa parole, dit l'historien de sa vie. Sa vertu aimable, l'innocence de ses mœurs, la ferveur de ses prières, inspiraient à tous ceux qui l'approchaient un sentiment d'affection mêlé de respect, sentiments que ses condisciples croyaient ne pouvoir mieux traduire, au témoignage de l'un d'entre eux, qu'en lui donnant le nom de petit Jésus.

Cependant, le moment de faire un nouveau pas dans la carrière ecclésiastique approchait pour lui; ses supérieurs l'avertirent qu'il devait se préparer à recevoir les ordres mineurs. Alors s'élève dans son cœur des inquiétudes dont sa foi et son grand respect pour la vocation au sacerdoce étaient l'unique source.

Pénétré de la sainteté du sacerdoce, il n'envisageait qu'avec frayeur ce sublime ministère, et jamais il n'eût pu de lui-même se décider à y entrer, à cause de ce qu'il appelait son indignité. Destiné d'ailleurs dès le berceau à l'état ecclésiastique, il craignait que sa vocation ne fut pas pure devant Dieu; il craignait surtout que la pensée n'en eut été inspirée par des vues humaines, et il fallut que les hommes de Dieu, en qui il avait mis toute sa confiance, le rassurassent sur tous ces points pour qu'il se décidât à être minoré.

Nous avons vu qu'à son arrivé à Paris il avait été dans un établissement fondé en vue de préserver les vocations à l'état ecclésiastique que l'esprit du temps mettait grandement en danger. La même pensée porta le pieux et zélé fondateur de cette maison à en établir une du même genre pour de plus jeunes enfants. Il était clair, en effet, que pour sauver la génération, il ne suffisait pas de s'occuper de la jeunesse; dans beaucoup de cas, il eut été déjà trop tard. M. Nagot, celui qui avait décidé l'abbé de Simony à recevoir les ordres, et qui avait reconnu en lui de grandes ressources pour le bien et même de remarquables qualités pour l'œuvre si importante qu'il méditait, lui proposa d'entrer dans cette maison en qualité de professeur. L'abbé de Simony accepta avec joie la part qu'on lui offrait de prendre à cette œuvre de si haut intérêt. Ce fut pour lui une occasion précieuse de mettre en lumière les qualités de son esprit et de son cœur. Plein d'affection pour les enfants, lui-même s'en faisait aimer avec tendresse; et telle était la confiance qu'ils avaient en lui, qu'ils le faisaient confident de leurs désirs les plus chers, de leurs pensées les plus intimes, et qu'ils eussent voulu ne le quitter jamais.

Malheureusement, cet établissement si sagement conçu, si parfaitement dirigé, et qui pouvait rendre aux familles de si éminents services, ne dura qu'un moment. Envahi et livré au pillage dans ces jours malheureux où une partie de la nation semblait atteinte d'une fièvre frénétique, il devint en quelques instants désert; les élèves furent dispersés, les professeurs maltraités et réduits à prendre la fuite. L'abbé de Simony ne pouvait songer à retourner à Toulon, où déjà la dure main du malheur commençait à peser sur sa famille; il se fixa à Bellegarde, près des parents d'un de ses élèves qu'il leur avait reconduit, et qui lui fit les plus vives instances pour ne pas être séparé de lui.

Jusqu'ici, nous avons vu le jeune abbé de Simony dans une situation conforme à son caractère et à ses goûts; dans sa famille, il s'est montré enfant docile et respectueux; au collége de Toulon, étudiant pieux et appliqué; au séminaire de Saint-Sulpice, élève ecclésiastique fervent; à la maison d'Issy, professeur intelligent, ou plutôt ami et père de ses élèves. Maintenant, jeté qu'il va être par la tourmente révolutionnaire dans une carrière pleine de dangers de toute sorte, que fera-t-il?

Longtemps on ignora autour de lui qu'il avait été à l'armée. Jamais, pendant les longues années de son épiscopat, il ne parla de cette particularité, bien différent de ceux qui, ayant passé par des circonstances pour lesquelles ils n'étaient pas faits, trouvent généralement un secret plaisir à le raconter; le peu qu'en a su celui qui vécut le plus longtemps avec lui, il l'apprit de M. l'abbé Letourneur qui, sans doute, respectant lui-même le secret de son ami, n'en parla jamais qu'une fois et n'en dit que peu de mots.

Les revers que les armées de la république avaient éprouvés sur plusieurs points, au commencement de l'année 1793, firent décréter une levée en masse de tous les jeunes gens en état de porter les armes. L'abbé de Simony ne fut point exempt des effets de ce décret, et il dut, quelle que fut sa répugnance, entrer dans les armées républicaines. Cette répugnance n'était point le résultat de la crainte des fatigues ou des périls; il appartenait à une famille qui depuis plusieurs siècles les bravait sur terre et sur mer. Mais qu'on se figure ce que devait éprouver un jeune ecclésiastique obligé d'échanger le calme et la douceur de la vie des séminaires contre l'agitation et la licence des camps; et surtout lui, dont l'âme était si juste, si compatissante et si généreuse, obligé d'aller combattre ces Vendéens qui, au dire des agens du gouvernement même, ne s'étaient révoltés que parce qu'on leur avait ôté la liberté de demeurer chrétiens et de servir Dieu. Mais le Seigneur, qui n'abandonne jamais ceux qui l'aiment, prit un soin tout particulier de son serviteur jusqu'au sein des armées. L'ascendant que donne la vertu, l'estime et presque la vénération qu'inspire l'innocence de la vie et la douceur des mœurs, jointes à tant d'autres qualités dont était doué M. de Simony, lui gagnèrent en un instant le cœur de ses compagnons d'armes. Bientôt on lui donna un emploi dans la comptabilité qui le dispensait de tout service ordinaire, et surtout le préservait de ce qu'il redoutait le plus, la nécessité de verser le sang de ses frères. Et tel était le respect qu'il inspirait à ses chefs eux-mêmes, qu'à une époque où les uns blasphémaient la religion, les autres pillaient les temples, renversaient les autels ou immolaient ses ministres, et où le plus grand nombre peut-être, moitié par respect humain, moitié par crainte des persécutions, affectaient une impiété qui n'était pas dans leur cœur, M. de Simony obtenait de ses chefs la permission d'aller à la ville voisine pour y remplir ses devoirs religieux. Nos livres saints font un grand éloge de Tobie encore jeune; jamais, disent-ils, on ne remarque rien de puéril dans ses œuvres, et dans un temps où tous ceux de sa connaissance allaient adorer le veau d'or qu'un roi prévaricateur avait fait placer à Bethel et à Dan, lui seul allait adorer le Seigneur à Jérusalem, selon que l'ordonnait la loi. Il fuyait les réunions de ceux de son âge, à cause des abus et peut-être des désordres qui régnaient parmi eux. Heureux jeune homme, demeurez ferme dans votre foi, le Seigneur peut permettre que vous soyez éprouvé; mais il vous soutiendra dans l'épreuve, et il ne vous refusera pas un jour la consolation que vous attendez de lui seul!

Il était bien près, le moment de cette épreuve redoutable. A l'époque dont nous parlons, la ville de Toulon était en proie aux malheurs d'un siége que tout le monde connaît. La famille de Simony y perdait le plus jeune de ses membres, et le respectable chef de cette famille était obligé d'aller chercher sur la terre étrangère, au milieu de mille périls, et avec des privations infinies, un asile que la terre de France ne pouvait plus offrir à ceux qui pensaient comme lui. Combien cette affliction fut sensible pour l'abbé de Simony; son cœur si aimant et si bon était brisé à la pensée des privations auxquelles les siens devaient nécessairement être exposés sur la terre d'exil.

Mais en même temps sa foi et sa confiance en Dieu le soutenaient; et l'on peut dire que s'il éprouvait une vive affliction des malheurs qui pouvaient atteindre sa famille, sa seule crainte était la crainte de Dieu.

L'événement montra bientôt que les inquiétudes de M. de Simony au sujet des siens n'étaient que trop fondées. Son respectable père retiré à Carthagène, en Espagne, accablé de peines, soumis à mille privations, et en proie aux infirmités de la vieillesse, mourut éloigné des siens; et ses enfants eux-mêmes furent privés de la consolation d'aller prier sur son tombeau.

Mais, pour les serviteurs de Dieu, le temps des épreuves et des peines n'est jamais très-éloigné du moment des consolations, et le Seigneur ménageait à M. de Simony une position dans laquelle devait se passer, à peu près en entier, le reste du temps qui devait précéder sa rentrée au séminaire.

Quand on observe ce qui se passe parmi les hommes pervers, on est quelquefois étonné de la manière dont ils se rencontrent et se devinent; on dirait que l'instinct du mal les révèle l'un à l'autre, et qu'ils se connaissent avant de s'être vus. Heureusement, pour la consolation des gens de biens, quelque chose de plus remarquable encore se remarque dans les desseins de Dieu sur ses amis.

Tobie cherche un guide qui puisse conduire son fils dans un pays lointain que ce jeune homme ne connaît pas, et voilà qu'un ange en habit de voyageur s'offre à sa vue, et se charge de le conduire et de le ramener sain et sauf. Quelque chose de semblable se voit ici en la vie de M. de Simony.

Deux personnes très-distinguées par leur naissance, mais bien plus grandes encore par leur vertu, ne conservaient de trois enfants nés de leur mariage qu'un fils âg de dix ans. La délicatesse de santé de cet enfant, et sans doute plus encore le désir de conserver intacts ses mœurs et sa foi, portaient M. et Mme de Sully a désirer ardemment de trouver un maître auquel ils pussent confier avec une parfaite sécurité l'éducation de ce cher fils. En ce même temps, la divine providence faisait obtenir à M. de Simony un congé qui lui permettait de venir reprendre à Bellegarde les modestes fonctions d'instituteur qu'il avait acceptées par attachement et par reconnaissance au sortir de l'établissement d'Issy ; puis, elle rapprochait par un de ces moyens connus d'elle, des personnes si bien faites pour se comprendre et s'estimer ; elle levait tous les obstacles qui pouvaient s'opposer au vœu de M. et Mme de Sully ; et M. de Simony se trouvait ainsi ramené providentiellement à sa première vocation, celle pour laquelle il avait reçu de Dieu tant de goût et d'aptitude, celle d'élever la jeunesse.

L'œuvre qu'il entreprenait n'était pas sans grandes difficultés ; à la vérité le jeune de Sully avait reçu de Dieu de remarquables dispositions pour le bien, mais il avait aussi une ardeur de caractère et une impétuosité de désirs qui annonçaient que l'âge des passions serait chez lui un temps de redoutable tempête.

M. de Simony se livra à cette œuvre avec une grande défiance de lui-même, malgré les dispositions que Dieu lui avait données pour la conduire à bonne fin, mais aussi avec une grande confiance en Dieu et une application admirable. Le succès dépassa toutes les espérances; donner à son élève toute l'instruction que pouvaient réclamer les diverses circonstances dans lesquelles devait naturellement se passer sa vie; le préparer aux importantes fonctions auxquelles Dieu pouvait l'appeler un jour, comme sa naissance et sa fortune semblaient déjà l'y destiner; tourner ce cœur ardent et impétueux vers la pratique des grandes vertus et la solide piété; le disposer aux œuvres utiles que sa fortune, quoique notablement amoindrie par les événements du temps, pouvait encore lui permettre de faire en suivant les traces de ses pieux parents; lui inspirer ce calme de cœur, cette modération de désirs, cet empire sur ses penchants, qui élèvent le chrétien si fort au-dessus des plus illustres philosophes de l'antiquité; tel était le but que se proposait M. de Simony et qu'il eut le bonheur d'atteindre au-delà de toutes les espérances.

Le jeune de Sully, merveilleusement préparé à cette importante action, qui exerce le plus d'influence sur le reste de la vie, la première communion, ne cessa de montrer par une conduite sage, prudente et pieuse, c'est-à-dire conforme en tout aux instructions qu'il avait reçues, de quelle importance et de quel prix est, pour un jeune homme, une éducation vraiment chrétienne.

Dans toutes les circonstances qui marquèrent sa courte existence, à la mort de M. de Sully son père, plus tard, à l'époque de son entrée dans le monde; plus tard encore, quand sa santé l'obligea de vivre plus retiré et d'éviter toute fatigue inutile; et enfin, quand il connut que sa carrière s'avançait et qu'il n'avait plus longtemps à vivre, le jeune Maximilien de Sully se montra toujours solidement chrétien. Toute l'ambition de sa pieuse mère avait été de voir M. de Sully, dont elle s'estimait heureuse d'avoir possédé le cœur, reçu les conseils, admiré les exemples, revivre dans son fils. Dieu exauça son pieux désir, et si la mort prématurée de ce fils vint renouveler et aggraver la douleur qu'elle avait ressentie de la mort de son époux, sa grande âme trouva dans les sentiments de son fils mourant la plus douce, la plus précieuse des consolations, celle de penser que trois cœurs qui avaient été unis sur la terre par les liens d'une si tendre affection, se retrouveraient unis de nouveau dans le sein de Dieu, pour ne se plus quitter jamais.

Cette jeunesse passée si sagement, cette mort si chrétienne, furent, il ne faut pas en douter, le fruit des exemples et des leçons du pieux maître; mais ce que nous devons surtout remarquer ici, c'est la révélation, si je puis ainsi parler, de l'instruction si solide et tout à la fois si variée de M. de Simony, de sa parfaite connaissance du monde, de son admirable discernement à l'égard des hommes et des choses, et peut-être plus que tout cela encore, la haute sagesse qui se montre dans ce guide qu'il avait préparé pour son élève, et que la providence a voulu nous conserver. Chose étrange, ou plutôt digne d'être admirée de tous, il a fallu que de simples notes ignorées jusqu'à la mort, des lettres de famille, des circonstances passées depuis longtemps et providentiellement conservées, soient venues nous faire connaître tout ce qu'il y avait de véritable science dans M. de Simony, et qu'avaient à peine soupçonné ceux mêmes qui ont vécu le plus longtemps et le plus intimement avec lui!

Nous disions en commençant, mes frères, que le caractère distinctif de la vie de Mgr de Simony était la piété, et que c'est à elle qu'il a dû le bonheur de sa vie, comme c'est à elle qu'il faut attribuer les œuvres que nous lui verrons faire plus tard en faveur du prochain. Eh bien, il me semble que la vérité de cette appréciation devient sensible, évidente même par les détails dans lesquels nous venons d'entrer; car, remarquez-le bien, Messieurs, par la piété, il ne faut pas entendre uniquement, comme on le fait d'ordinaire, une certaine tendresse de cœur jointe à des sentiments de religion qui fait trouver de la douceur dans les saints offices, la prière et la fréquentation des sacrements. La piété est cela sans doute, mais elle est aussi plus que cela. C'est l'obéissance constante d'un bon serviteur aux volontés de son maître; c'est la fidélité d'un disciple à suivre les exemples et les leçons de celui qui l'instruit; c'est la probité d'un ouvrier qui exécute consciencieusement les travaux qui lui ont été commandés; c'est le dévouement sans bornes d'un sujet aux intérêts de son prince ou à la gloire de la patrie; c'est enfin la respectueuse tendresse d'un enfant bien né pour son père : tous sentiments dignes de la plus haute estime et qui doivent avoir, on l'avouera, la plus grande comme la plus salutaire influence sur la vie. Or, je vous le demande, qui peut avoir donné à M. de Simony, avant même que son élévation au sacerdoce lui eut fait sentir la nécessité de tendre à la perfection; qui peut lui avoir donné la pensée de dissimuler ainsi tout ce qu'il y avait en lui

2*

de trésors cachés? qui peut avoir fait taire dans son
cœur ce désir de paraître, si naturel à notre vanité?
qui peut surtout l'avoir rendu si attentif sur lui-même
qu'on peut avoir passé plus de vingt ans près de lui
sans l'avoir bien connu sous ce rapport? Point d'autre
cause que la piété, Messieurs; disciple fidèle du divin
Maître, il l'avait pris en tout pour son modèle : Le
Christus non sibi placuit de saint Paul, l'*ama nesciri*
du pieux auteur de l'*Imitation,* voilà l'explication de
ce que je ne crains pas d'appeler un véritable phé-
nomène.

Et ce calme admirable qui fait, on n'en peut douter,
le bonheur de la vie; et cette force d'âme qui ne se
laisse ni abattre par la mauvaise fortune ni enfler par
la puissance ou la faveur; et cette constance qui fait
marcher d'un pas égal dans la voie droite, quelque
soient les difficultés des circonstances; et cette régularité qui ne se dément pas plus au milieu des camps
et des troubles de la guerre qu'au sein de sa famille
et du tutélaire abri du séminaire; et cette fidélité à la
foi qui trouve le moyen d'accomplir les devoirs de la
religion dans un temps ou les plus hardis n'eussent
pas osé en prononcer le nom; à qui en fût-il redevable? à la piété. La piété est utile à tout, avons-nous
dit d'après saint Paul, *ad omnia utilis est.* Comme elle
se nourrit d'espérance et qu'elle repose sur la foi, elle
possède la clarté, le flambeau de l'une et la solidité
de l'autre. Si par moment les ténèbres se font autour
de l'homme, la piété lui présente aussitôt le flambeau
des vives lumières de la foi; ses incertitudes, ses
doutes, ses obscurités disparaissent. Si son frêle vais-
seau agité par la tempête des passions ou des événe-

ments qui bouleversent le monde est sur le point de s'abîmer dans les flots de cet océan qui ne connaît pas de calme, il s'appuie sur cette ancre de l'espérance qui ne laissa jamais périr quiconque sût s'y attacher; et de là, le cœur tranquille et l'œil serein, il contemple sans émotion et sans crainte pour lui-même du moins, ces épouvantables bouleversements dont notre histoire, ou plutôt l'histoire du genre humain tout entier nous offre tant et de si mémorables exemples.

Oui, grand apôtre et sublime génie, la piété est utile à tout ; les hommes s'agitent sans cesse au milieu de ces objets du temps dans lesquels ils ont l'imprudence de placer leurs affections et leur bonheur; et, à peine ont-ils obtenu ce qu'ils poursuivaient si vivement, qu'ils s'en dégoûtent et le méprisent, semblables à l'enfant capricieux qui brise le jouet pour lequel il a pleuré, ou au malade qui repousse avec dégoût l'aliment qu'il demandait avec instances; oh! qu'ils seraient bien plus sages d'écouter ce simple mot que vous avez adressé à votre disciple Timothée : *Fili, exerce teipsum ad pietatem,* mon fils, exercezvous à la piété. Vous étudiez les lettres, les sciences et les arts : je ne blâme point cette étude qui agrandit et perfectionne l'âme; vous étudiez les lois, vous vous épuisez à classer le texte de nos codes ou les arrêts des cours qui en fixent le sens et forment la jurisprudence : vous faites bien, puisqu'il faut des hommes qui rendent la justice ou protègent l'innocent; vous vous appliquez à la navigation, au commerce, aux affaires : vous ne faites pas mal, puisque ces diverses professions sont honnêtes et peuvent être exercées honorablement. Mais, considérés en eux-mêmes, ces différents exercices n'auront assurément qu'une utilité modique, une utilité de quelques années : *nam corporalis exercitio ad modicum utilis est;* une utilité qui n'est d'ailleurs pas le bonheur. Il n'en est pas ainsi de la piété : elle est réellement utile à tout, *ad omnia utilis est.* Si je vous disais seulement qu'elle a les promesses de la vie future, je vous présenterais un motif que peut-être vous appréciez peu ; mais j'en ai un plus puissant à offrir à votre amour pour la vie présente, c'est que la piété a le secret d'y faire trouver le bonheur : *promissionem habens vitæ quæ nunc est et futuræ.*

Revenons à Mᵍʳ de Simony. Dieu avait réuni à M. le duc de Sully ce cher fils qu'il avait laissé avec tant de confiance entre les mains d'un maître chéri, au sujet duquel il lui avait dit au moment de sa mort : Je suis heureux de vous laisser entre les mains d'un tel ami. Mᵐᵉ de Sully avait terminé son utile plutôt que longue carrière, et était allé se réunir dans le ciel aux personnes qu'elle avait le plus aimées sur la terre. Mᵍʳ de Simony avait donc rempli jusqu'au bout l'importante mission dont il avait été chargé. Redevenu libre, il ne put oublier qu'il appartenait à l'Eglise, et il se disposa à rentrer au séminaire de Saint-Sulpice pour reprendre cette carrière que les évènements de la fin du siècle dernier l'avaient forcé d'abandonner pour un temps. Ici, à proprement parler, commence la seconde partie de sa vie, et elle sera tout naturellement l'objet de la seconde partie de ce discours.

DEUXIÈME PARTIE.

La mort du jeune duc de Sully avait causé la plus vive douleur à son digne maître ; cette douleur n'était en rien différente de celle qu'un ami sincèrement dévoué peut éprouver à la mort de son ami ; disons plus, que le père le plus affectueux peut ressentir à la mort du fils le plus tendrement aimé. Ce sentiment se peint avec une extrême vivacité dans toutes les lettres qu'il écrit à l'occasion de son cher Maximilien, qu'il nomme tantôt son meilleur ami et tantôt son cher enfant. Mais cette mort avait produit sur lui encore un autre effet : elle lui avait fait, non mieux comprendre, mais sentir plus vivement la vanité, le néant des choses d'ici-bas ; et elle avait reporté vers l'Eglise toutes ses pensées qui ne s'en étaient jamais détournées, à proprement parler, mais qui ne s'y étaient plus portées de la même manière pendant qu'avait duré l'éducation de ce jeune homme auquel il avait consacré tous ses soins.

On se tromperait cependant si l'on pensait que ce fut une sorte de mépris ou de dégoût des biens d'ici-bas qui le reportait ainsi vers sa première vocation. Rien de plus élevé que ses vues : Dieu nous a créés, il n'a pu nous créer que pour lui : nous nous devons à lui tout entiers. Il a donné à chacun de nous une vocation, un talent ; il faudra qu'un jour nous lui en rendions compte ; j'ai consulté des hommes éclairés, et quels que puissent être les sacrifices que j'aurai à faire, les peines que j'aurai à supporter, je dis au Seigneur : *Voici que je viens.*

Il fait donc une retraite sous la direction d'hommes éclairés, d'hommes de Dieu; son désir était de connaître la volonté de Dieu, et il pouvait assurément dire à Notre-Seigneur, avec autant d'abandon que Saul sur le chemin de Damas : *Domine, quid vis me facere?* Seigneur, que voulez-vous que je fasse? M. Emery, alors supérieur général du séminaire de Saint-Sulpice, fut du nombre de ceux que Mgr de Simony consulta. Encouragé dans sa vocation par ce digne prêtre, animé du zèle le plus pur pour la gloire de Dieu et le bien de l'Eglise, il rentra au séminaire au mois d'octobre de l'année 1808; il avait alors 38 ans, c'est-à-dire toute la maturité de l'homme fait; mais il y joignait au plus haut degré les ferventes dispositions d'un jeune séminariste. Rien de plus touchant que les résolutions qu'il prit à la suite de la retraite générale du séminaire de cette année. Vous seriez ravis, Messieurs, du sentiment de tendre piété que respire ce qu'il en écrivit alors.

Vous croirez sans peine qu'avec tant de qualités et surtout tant de vertus auxquelles son âge, sa parfaite connaissance du monde, son extérieur doux et modeste et la dignité de sa personne donnaient un nouvel attrait, M. de Simony dut bientôt gagner tous les cœurs. M. de Simony, dit l'historien de sa vie, ne fut pas longtemps au séminaire de Saint-Sulpice sans être entouré de l'estime et de la vénération dues à son âge, à son expérience et à ses vertus. Il possédait toutes les qualités qui rendent un homme accompli selon le monde, sans avoir l'esprit du monde; mais ce qui frappait surtout en lui, c'était une vertu affermie en raison même des dangers qu'il avait traversés, une

piété tendre sans affectation, un cœur plein de Dieu,
une dignité sans prétention, une modestie tout angé-
lique. Il semblait déjà avoir dans sa plénitude, en
entrant au séminaire, ce dont les autres y venaient
chercher les prémices. Aussi, bien que les inspirations
de son âme simple et modeste lui aient fait constamment éviter tout ce qui pouvait le faire remarquer, on
ne pouvait s'empêcher d'admirer en lui cet ensemble
de vertus ecclésiastiques qui indiquaient plutôt un
prêtre consommé qu'un aspirant au sacerdoce, et que
lui seul paraissait ignorer.

De si parfaites dispositions firent abréger pour lui
le temps ordinaire des épreuves, et deux mois seulement après son entrée au séminaire, il fut appelé à
recevoir le sous-diaconat ; sa résolution était prise
depuis longtemps, et toutefois celui que nous avons
vu, lors de sa première entrée au séminaire, trembler
au moment de recevoir les ordres mineurs, ne pouvait
pas ne point s'effrayer à l'idée de recevoir un ordre
qui engage irrévocablement, et attache pour toujours
au service des autels. Mais la véritable humilité est
toujours obéissante, et sur l'ordre de M. Duclaux, son
directeur, il avança sans hésiter. L'année suivante, il
fut promu au diaconat.

Il n'était donc encore que diacre lorsque Mme la
duchesse de Sully, à qui la profonde douleur qu'elle
avait éprouvée de la mort de son époux et de son fils,
avait fait contracter une maladie de cœur à laquelle
elle succomba le 11 janvier 1809, le fit appeler pour
l'assister dans ses derniers moments. Cette circonstance renouvela et raviva, si je puis parler ainsi,
toutes les douleurs qu'il avait précédemment ressen-

ties. Mais, au milieu des plus vives peines, sa foi ne l'abandonnait jamais. Au contraire, il savait trouver en toutes choses et surtout dans ces douloureuses cir-constances, des motifs de s'appliquer avec plus d'ardeur que jamais à aimer et à servir Dieu, et aussi à se ménager une sainte mort par le bon usage de la vie.

Rentré au séminaire après avoir rempli près de cette âme d'élite des devoirs qu'on peut regarder comme les prémices de son ministère, M. de Simony se disposa prochainement au sacerdoce. Ce fut le 10 juin 1810 qu'il fut ordonné. Rarement on peut rencontrer un aspirant au sacerdoce comprenant mieux tout ce qu'il y a de sublime dans ce saint état; rarement une foi plus vive qui fasse mieux apprécier les vertus, la perfection qui seraient nécessaires au prêtre. Saint Ambroise, témoin de ce que faisait chaque jour la pieuse mère d'Augustin, lui avait dit pour la consoler : Il ne se peut que le fils, objet de tant de prières accompagnées de larmes, périsse; ceux qui furent témoins des dispositions et des sentiments de M. de Simony à l'occasion de son élévation au sacerdoce, durent dire aussi : Il est impossible qu'un homme qui se prépare ainsi au sacerdoce, ne devienne un saint.

Au sortir du séminaire, des offres bien propres à tenter une âme moins détachée de tout avantage temporel, lui furent faites; mais aux positions avantageuses qu'on lui offrait, il préfère l'exercice du saint ministère au milieu des populations des campagnes de Saint-Martin-d'Osmonville et Monterollier; un attrait tout particulier l'attirait vers ces hommes qui, sous une écorce rude et quelquefois grossière, cachent une foi vive et un grand fond de religion. Ce ministère, parfaitement du goût de M. de Simony, précisément parce qu'il est sans éclat, dura tout près de onze ans. Pendant ce long temps, l'humble et pieux prêtre déploya toutes les qualités et fit preuve de toutes les vertus qu'on devait attendre de lui. Rendre aux ecclésiastiques dont il était voisin tous les services qui étaient en son pouvoir; instruire les fidèles et les enfants des vérités du salut; ménager aux jeunes gens les moyens de persévérance que l'expérience a fait regarder comme les meilleurs; secourir les pauvres avec une générosité qui n'était égalée que par la délicatesse avec laquelle les secours étaient distribués ou appliqués; contribuer à l'ornement ou à l'entretien des églises; fonder des établissements utiles qui existent encore aujourd'hui et perpétuent les effets de sa charité; tel fut l'usage que M. de Simony fit de sa liberté et de sa fortune. Et là aussi sa mémoire est et demeurera toujours en bénédiction.

Cependant le moment approchait où Dieu, qui avait préparé avec un soin paternel le ministre selon son cœur, allait le tirer de cette douce retraite pour le placer à la tête d'une partie de son troupeau. Quelque soin qu'il prît pour cacher le bien qu'il faisait, ce bien cependant se répandait et se faisait connaître. Nommé successivement grand vicaire de Chartres, sous Mgr de Latil, puis aumônier de Monsieur, ensuite grand vicaire de Reims où Mgr l'évêque de Chartres avait été transféré, il fut enfin nommé à l'évêché de Soissons au mois d'octobre 1824.

Assurément, il pouvait bien dire qu'il n'avait ni

recherché, ni désiré cette sublime dignité; aucune sollicitation ne l'y avait fait élever; bien plus, sa résistance fut tout ce que l'obéissance, qui est toujours la vertu des saints, permettait qu'elle fût. Et cependant, animé de l'esprit de tant de saints évêques qui ne se laissèrent imposer l'épiscopat qu'en tremblant, ce fut aussi avec un profond sentiment de crainte, mais accompagné d'une grande confiance en Dieu qu'il se résigna à l'accepter.

O église de Soissons, qui comptes tant de saints parmi les pontifes qui t'ont conduite et gouvernée; réjouis-toi et fais éclater ton allégresse; voici qu'un nouveau père t'est donné et il ne sera inférieur ni en vertus ni en œuvres à ceux dont tu conserves le plus cher souvenir et dont tu célèbres chaque année les fêtes.

A peine Mgr de Simony fut-il préconisé, qu'il ne songea plus qu'à se préparer par la retraite à sa consécration épiscopale. Vous devinez, mes frères, avec quel soin dût se disposer à cette importante et sainte cérémonie celui qui n'avait reçu le sacerdoce et même les ordres inférieurs qu'après de sérieuses retraites et une préparation prolongée. Ce fut au séminaire de Saint-Sulpice, où il avait été admis deux fois, qu'il se retira; ce fut sous la conduite des prêtres vénérables qui l'avaient préparé au sacerdoce, qu'il fit sa retraite; ce fut des mains de Mgr de Latil, de celui qui l'avait arraché à sa chère solitude d'Osmonville pour l'associer à son administration, qu'il reçut l'onction qui fait les pontifes. Dieu seul connaît quels furent les sentiments qui remplirent le cœur de Mgr de Simony dans un moment si solennel!

A partir de ce moment, mes frères, Mgr de Simony n'appartient plus qu'à vous; sa famille même dut se résigner, et vous comprenez, sans doute, ce qu'il dut en coûter à des cœurs comme les siens; sa famille même dut se résigner à voir cesser les relations à la fois si fréquentes et si douces qui jusque-là avaient fait le bonheur de tous. Il sentait qu'il n'appartenait plus qu'à son diocèse, et il commença réellement à ne plus vivre que pour lui.

Maintenant, mes frères, il semble que je pourrais descendre de cette chaire et regarder ma tâche comme accomplie. Ne l'avez-vous pas vu, ce saint évêque, ne l'avez-vous pas entendu; ses traits ne vous sont-ils pas présents à la mémoire, et le monument qui doit perpétuer son nom parmi les générations à venir n'emprunte-t-il pas son principal mérite de ce qu'il vous rappelle, au moins en quelque manière, sa douce, sa modeste et bienveillante physionomie?

Eh bien! loin de terminer ici, c'est ici, au contraire, que je vous prie de soutenir votre attention, et même, s'il se peut, de redoubler d'attention.

· L'apôtre saint Paul nous trace, avec cette vigueur qui est propre à son génie, le caractère et les obligations du pontife : « Tout pontife, vous dit-il, tiré du » milieu des hommes, est établi pour eux et dans leur » intérêt, afin qu'il offre des dons et des sacrifices » pour les péchés, *ut offerat dona et sacrificia pro » peccatis.* Ils vous ont placé au-dessus des autres » pour les conduire, dit l'Esprit saint dans l'Ecclé- » siastique, prenez garde de vous élever; soyez au » milieu d'eux comme l'un d'eux, et prenez soin » d'eux, *esto in illis quasi unum ex ipsis, curam illo-*

» *rum habe*. Le pontife n'a point été pris parmi les
» anges, ajoute le saint Apôtre, mais parmi les
» hommes, afin qu'il puisse compatir à la faiblesse
» de ceux qui sont dans l'ignorance ou l'erreur, étant
» lui-même environné d'infirmité, *ut condolere possit*
» *iis qui ignorant et errant, quoniam et ipse circum-*
» *datus est infirmitate.* »

Voilà donc, mes frères, les principaux devoirs,
comme les principales vertus du pontife; la modestie
qui évite la vaine ostentation; la vigilance qui pré-
vient ou répare le mal, la prière qui appelle les bénédictions sur le peuple ou lui concilie la miséricorde
de Dieu; la charité qui en prend soin et le secourt; la
compassion qui compatit aux faiblesses et est toujours
prête à se montrer indulgente, parce que le pontife
lui-même se sent environné d'infirmité. Or, Messieurs,
vous l'avez connu, vous le connaissez encore, vous le
voyez, vous l'entendez encore; eh bien, dites, ai-je
exagéré, en assurant que ces vertus ont fait le fond
de sa vie, et qu'il n'y eut pas un seul de ses instants
où on ne l'ait trouvé modeste, uni à Dieu, vigilant, charitable et plein d'indulgence pour les défauts d'autrui?

Oui, il fut modeste et ennemi de toute vaine ostentation. Sans doute, il voulait ne point laisser descendre en lui la dignité épiscopale; plein de respect
pour le caractère auguste dont il était revêtu, il re-
gardait comme une rigoureuse obligation de le conserver sans aucun abaissement; mais quelle simpli-
cité, quelle modestie, quelle abnégation dans tout ce
qui était à son usage. Content des choses les plus
simples, et j'oserai même dire, les plus communes, on
ne trouvait même pas chez lui, du moins à lui appar-

tenant, ce que les habitudes de bien-être des temps modernes font rencontrer souvent chez les artisans eux-mêmes.

Mais c'est surtout dans son langage que se remarquait à un degré réellement admirable cette modestie recommandée par l'Esprit saint. Non-seulement il ne s'élevait pas, ainsi que le défend ce grand Apôtre, mais il semble qu'il s'oubliait entièrement. Non content de cacher sous le voile du silence les rares connaissances qu'il possédait, ainsi que nous l'avons vu, il cachait également tout ce qu'il avait fait. On eut dit qu'il ne pouvait jamais être question de lui, ou qu'il n'avait jamais rien fait, tant son application à s'oublier lui-même était grande. Peut-être les personnes qui avaient l'honneur de le recevoir ou de le visiter, pensèrent-elles, en le voyant parler si peu et avec si grande réserve, qu'il avait peu de ressources dans l'esprit, et que c'était par une sorte de nécessité qu'il en usait ainsi ; elles étaient dans l'erreur sans aucun doute. Beaucoup de finesse dans l'esprit, un rare talent d'observation, de la gaîté naturelle, un tact sûr qui lui faisait saisir tout ce qui prêtait au ridicule, un usage du monde qui empêchait qu'un léger manquement sous ce rapport lui échappât; tout en lui pouvait prêter à la conversation un intérêt et un charme remarquables; mais très-rarement il laissait percer tous ces avantages dans l'intimité, et il n'est pas à notre connaissance qu'il l'ait jamais fait en public.

Et quant à sa manière d'être avec les prêtres, ah! c'est là encore qu'il accomplissait à la lettre la recommandation du Sage : *Esto in illis quasi unus ex ipsis.* Tous le pouvaient approcher tout le jour, tous pou-

vaieut lui faire confidence de leurs peines, des difficultés de leur ministère, de leurs besoins mêmes. On
peut dire que son âme, comme son palais, leur fut
invariablement ouverte.

Oui, il prit soin de ceux que Dieu lui avait donnés
à conduire, ou plutôt de ceux dont Dieu l'avait rendu
le père. Pour être plus à eux, ainsi que nous l'avons
dit, il rompit à peu près avec sa famille, avec sa sœur
même ; sa sœur pour laquelle il conserva jusqu'à la fin
le plus tendre attachement, sa sœur ne reçut plus de
lui que de rares lettres, encore étaient-elles empreintes
d'un caractère qu'on pourrait appeler d'austérité.
Pénétré de la grandeur de ses obligations et de leur
nombre, il voulut se réserver tout entier pour leur
accomplissement. Il prenait soin de la réputation de
ses enfants ou plutôt de tous, n'en disant jamais rien
de désavantageux ; il prenait soin de leurs besoins
temporels, donnant abondamment et avec promptitude, et n'ayant jamais besoin d'être sollicité ou
pressé. Sur ces deux points, mes frères, sur ces deux
points qui sont de la plus grande importance puisqu'ils touchent à l'accomplissement du grand précepte
de la loi, la charité, qu'il me soit permis de placer ici
mon témoignage personnel ; j'ai eu l'inappréciable
bonheur de vivre avec notre saint prélat dans une
grande intimité pendant près de vingt-trois ans, eh
bien, je le déclare ici publiquement, pendant ce long
espace de temps, je ne l'ai pas vu une seule fois
différer de secourir un pauvre ; je ne l'ai pas entendu
une seule fois dire une parole contre la charité. Mes
frères, nous pouvons tous être braves un jour, être
discrets dans une circonstance, charitables envers

une personne que la disposition de notre cœur nous
porte à ménager ou secourir ; nous pouvons pendant
quelques instants pratiquer une vertu difficile ; mais,
mes frères, être réservé toujours, charitable toujours,
mortifié toujours, obligeant toujours, bon toujours,
patient toujours ; sans distinction de temps, de personnes, de dispositions ou de circonstances, c'est là,
mes frères, c'est là l'héroïsme de la vertu, c'est la
sainteté.

Mes frères, j'ai commencé à vous parler d'après
mes appréciations ; vous me le pardonnerez, vous me
pardonnerez même, j'en suis sûr, la réflexion suivante. Pendant ces longues années que j'ai passées
avec Mgr de Simony, dans tant de visites que j'ai faites
avec lui, de voyages nécessaires ; car à l'exception
d'un seul qu'il accorda aux pressantes sollicitations de
sa famille, il n'en fit jamais pour son agrément personnel ; dans toutes ces circonstances si multipliées et
si diverses, ne le voyant jamais rien faire d'éclatant,
j'avais fini par ne trouver en lui, je le dis avec humilité, par ne trouver en lui qu'un homme ordinaire.
Mes yeux, comme ceux des disciples d'Emmaüs,
étaient fermés afin que je ne le connusse pas alors tel
qu'il était, le Seigneur l'ordonnant ainsi. Mais lorsque
séparé de lui, j'ai reporté mes regards en arrière,
lorsque je me suis représenté l'ensemble de sa vie,
cette charité, cette douceur, cette indulgence, cette
piété qui ne se démentirent jamais ; enfin lorsque mes
yeux se sont ouverts, oh ! mes frères, quel étonnant
changement s'est fait en moi ; comment, me suis-je dit
aussitôt, comment donc n'avais-je pas vu cette admirable constance de vertu ? comment n'avais-je pas

apprécié ces qualités si rares, si solides, si fidèles à elles-mêmes? comment n'avais-je pas vu que je vivais dans l'intimité d'un grand saint? et pour me consoler de ce qui, sans cela, serait pour moi un profond sujet de peine, je me suis dit : Mes yeux étaient fermés et je ne pouvais le connaître ce qu'il était : *Oculi eorum tenebantur ne eum agnoscerent.*

Oui, il fut attentif à offrir des dons et des sacrifices pour ceux qui lui étaient confiés. Sa piété, nous l'avons vu, fut son caractère principal; avec quelle attention, avec quel respect et quelle foi ne récitait-il pas le saint office; pendant les dix dernières années de son épiscopat, j'ai constamment eu le bonheur de le réciter avec lui. C'était une consolation pour moi, peut-être c'était un secours pour lui, surtout lorsqu'il sentit ses forces diminuer. Dans cette circonstance, je ne fus pas seulement témoin de sa tendre piété dans la récitation des prières de l'Eglise, mais encore des ménagements extrêmes dont il usait pour ne gêner en aucune façon ceux qui vivaient avec lui. Lorsque l'habitude fut bien établie, « j'avais toujours désiré, me dit-il, d'avoir quelqu'un qui récitât le bréviaire avec moi; » jusque-là il avait été impossible de voir qu'il le désirait. S'il récitait pieusement le saint office, ah! comment offrait-il l'auguste sacrifice des autels! « Votre évêque est bien partout, me disait un homme de grand mérite qui avait eu l'occasion de l'observer; votre évêque est bien partout, mais il est admirable à l'autel! » J'en appelle à vous tous, Messieurs, qui avez eu le bonheur de l'y voir ou de l'y assister; y a-t-il exagération dans ces paroles? Il n'y a peut-être pas de prêtre un peu âgé dans cet auditoire qui n'ait eu le bonheur de l'assister à l'autel dans quelque circonstance; eh bien, avez-vous jamais remarqué en lui, dans la célébration de nos augustes mystères, cette promptitude que met presque involontairement un prêtre qui se sent en retard, cette gêne, cette lassitude morale de quelqu'un qui succombe à la chaleur ou à la fatigue, cette contrariété de quelqu'un que le bruit ou les chants ou les désordres causés par une grande affluence dans une église restreinte, incommodent? non, jamais? Obligé quelquefois de célébrer fort tard, dans un état de gêne et de malaise, au milieu du bruit et des chants dont nous savons qu'il souffrait, on eut dit toujours qu'il n'avait à faire que cette seule action, qu'il la faisait dans les meilleures et les plus commodes conditions, tant il y mettait de gravité, de dignité, de calme, de grâce et de dévotion. Et lorsque, rentré dans son palais, après avoir achevé ce qu'il avait toujours considéré comme un devoir indispensable pour lui, ses visites diocésaines, lorsque le jour avait été donné aux affaires, la soirée à une douce et calme récréation, et qu'il avait fait la prière du soir avec les ecclésiastiques de sa maison et avec ses domestiques; avant d'aller prendre un repos dont il avait souvent très-grand besoin, il se rendait à sa chapelle, et là, prosterné en la présence du premier pasteur, il répandait son âme devant lui avec le sentiment de la plus douce confiance et la plus tendre piété. C'était par cette visite au Saint-Sacrement, accompagnée de sentiments qu'il nous est plus facile de comprendre que d'exprimer, qu'il finissait sa journée.

Oui, il fut plein de commisération pour ceux que la faiblesse humaine faisait tomber dans l'ignorance ou l'erreur, comme il est dit : *Ut possit compati iis qui ignorant et errant.* La grande connaissance qu'il avait du cœur humain et de sa grande fragilité le rendait compatissant et même indulgent, non pour les vices sans doute, mais pour les personnes qui étaient tombées dans quelques fautes ; jamais d'amertume dans ses paroles sur eux ; jamais d'aigreur ou de dureté dans les avis qu'il leur donnait ; jamais on ne remarqua en lui cette disposition à s'éloigner de quiconque avait eu même de graves torts de conduite. Bien plus, semblable au père du prodigue, dont il s'était proposé sans doute de se faire imitateur en devenant évêque, sa bonté envers certaines personnes était si grande, que ceux qui ne s'étaient jamais écarté du bon chemin eussent été tentés de lui dire, comme le frère du prodigue à son père : Vous faites plus pour ceux qui vous ont donné des sujets de mécontentement et de peine, que vous n'en fîtes jamais pour nous.

Tout ce que nous venons de dire, Messieurs, constitue, si je puis parler ainsi, la vie cachée, les œuvres journalières de Mgr de Simony. Chaque jour il priait, il offrait le saint sacrifice et priait encore pour ceux qui étaient devenus ses enfants, et qu'il aimait avec une tendresse et une force que l'extrême modestie de son langage laissait à peine soupçonner. Chaque jour il traitait avec une admirable bienveillance ceux qui avaient recours à lui ; il les éclairait, les encourageait, les reprenait dans le besoin ou les consolait, selon que les circonstances l'exigeaient. Chaque jour il exerçait la charité, donnant avec joie, et ne disant jamais un mot des sommes considérables auxquelles finissaient par s'élever les aumônes qu'il faisait aux nombreux

indigents qui avaient recours à lui. Mais il est des
œuvres, non pas plus méritoires, mais qui parleront
de lui aux générations qui nous suivront ; il aimait, il
chérissaient ses séminaires, les élèves de ces saintes
maisons étaient ses enfants de prédilection ; leur procurer un lieu de promenade agréable où ils pussent
aller se reposer des travaux d'une semaine, fut une
des premières préoccupations du saint prélat, et la
propriété de Mercin fut acquise par lui afin qu'elle
servit de maison de campagne à ses successeurs.

Il aimait la jeunesse et attachait un grand prix à
ce que l'on eût dans sa cathédrale un local convenable
pour les catéchismes que l'on fait aux élèves du collége, ainsi qu'un autel où l'on pût offrir pour eux le
saint sacrifice et leur adresser des instructions qui les
préservassent de la séduction des fausses doctrines
ou des embûches de l'ennemi du salut ; et la chapelle
dite du collége fut acquise par ses soins, et en grande
partie payée de ses deniers : en sorte que, par une
coïncidence remarquable, les titres les plus anciens et
les plus récents que nous ayons sur l'ancienne et noble
famille de Simony sont la fondation d'une chapelle
dans la cathédrale de Sienne, et la fondation d'une
chapelle dans la cathédrale de Soissons.

Enfin, la disposition si bienveillante de son cœur le
portait à venir en aide à quiconque avait le zèle de
quelques bonnes œuvres, et au secours de quiconque
souffrait de quelque infirmité. Dieu lui en ménagea
une éclatante occasion. Un prêtre charitable animé de
l'esprit des Sicard et de l'Epée, avait fondé, dans une
antique et célèbre abbaye, une institution de sourds-
muets ; mais ses ressources avaient fait défaut à son

zèle, et les dépenses effectuées ne pouvaient être acquittées que par quelque moyen extraordinaire. Les moyens extraordinaires ne manquent jamais au Seigneur; il appelle à lui le prêtre charitable et il lui inspire la pensée de léguer à Mgr de Simony l'établissement qu'il a fondé; le pieux prélat, sans se dissimuler les charges qu'il va s'imposer, accepte le legs, et ce qui lui restait de la fortune que le Seigneur avait mise entre ses mains, et qu'il ne se croyait pas obligé de laisser à sa famille, il l'employa à consolider un établissement qui, sans lui, nous en avons la conviction, n'existerait plus aujourd'hui. Si donc de pauvres enfants condamnés à une vie toute matérielle, par suite de leur infirmité, reçoivent aujourd'hui une instruction chrétienne suffisante et qui leur permet de s'associer aux autres fidèles dans les actes les plus saints de la religion; si on peut leur appliquer le mot de notre divin Sauveur parlant de Lazare et dire que leur infirmité, toute grande qu'elle est, toute irrémédiable qu'elle a paru pendant tant de siècles, n'est plus pour la mort, mais plutôt pour la gloire de Dieu : *Infirmitas non est ad mortem sed pro gloria Dei,* nous l'affirmons ici avec une conviction profonde, c'est à Mgr de Simony qu'on le doit[1].

Voilà, Messieurs, de grands, de précieux monuments de la piété, de la charité de notre saint évêque! Celui qui va être inauguré dans cette église durera; n'a-t-on pas vu souvent le Seigneur protéger miraculeusement la gloire de ses amis, dans mille circonstances. Il durera et les habitants de cette cité, de ce diocèse,

---

[1] Par suite d'un arrangement tout récent, on espère que l'établissement de Saint-Méfard sera conservé au diocèse. (Août 1861.)

en passant devant sa statue, le reconnaîtront et s'in-
clineront avec respect. Au grand séminaire, on a eu
l'heureuse pensée d'écrire au-dessous de son portrait :
Adhuc loquitur, il parle encore après sa mort. Ceux
qui viendront considérer sa statue diront à leur tour :
Après sa mort il prie encore, *adhuc precatur.* Mais,
Messieurs, cette chapelle qui relie, ainsi que nous
l'avons dit, les deux extrémités d'une famille si recommandable, cette maison de campagne, don fait à
Nosseigneurs les évêques de Soissons et aux professeurs et élèves du grand séminaire ; cette abbaye sor-
tant de ses ruines, et retrouvant une partie, sinon de
sa splendeur, au moins de son importance passée ; ces
fondations que le pieux pontife a faites pour s'assurer
des prières, dont cependant nous avons la confiance
qu'il n'avait pas besoin, mais que son humilité lui
faisait considérer comme nécessaires : voilà ce qui fera
vivre sa mémoire éternellement : *In memoria œterna
erit justus;* voilà ce qui le fera bénir jusqu'à la fin :
Cujus memoria in benedictione est.

[1] En présence de cette double immortalité du ciel et
de la terre que Dieu donne à ce pieux et saint pontife,
je l'avoue sans peine, mes très-chers frères, je n'ai pu
qu'affaiblir dans ce discours son mérite et ses vertus,

---

[1] M. l'abbé Ruellan n'avait pu achever entièrement cette oraison
funèbre. Nous nous sommes servi de quelques notes qu'il avait
jetées à la hâte et sans beaucoup d'ordre sur le papier, et qu'il
nous a remises la veille de la cérémonie, pour faire cette
péroraison, et compléter, comme nous avons pu, ce remarquable
discours. Nous nous serions fait conscience de joindre ici, sans
en avertir le lecteur, cette péroraison que nous reproduisons du
reste sans aucune addition, sans aucune correction, telle qu'elle
a été prononcée le 6 mai 1852.

ou du moins je n'ai pas su les relever à vos yeux comme vous l'eussiez désiré. Ah! c'est que la sainteté comme le génie a le glorieux, l'incommunicable privilége qui est son plus magnifique éloge, de ne pouvoir être qu'affaiblie par les discours et par les louanges des hommes. Ce serait à vous maintenant, mes trèschers frères, de me secourir pour achever l'éloge de votre saint évêque, chacun de vous, en racontant une de ses vertus ou quelques traits de sa vie, dont vous avez été témoin; mais plutôt écoutez la voix douce et paternelle de celui qui, durant un temps si considérable, fut à la fois votre pasteur, votre ami et votre père. « Soyez mes imitateurs, vous dit-il du haut des cieux, comme j'ai été moi-même l'imitateur de Jésus-Christ : *Imitatores mei estote;* longtemps vous fûtes témoins de ma vie et vous savez comment j'ai vécu au milieu de vous sans vous donner aucun sujet de blâme ou de plainte : *Quomodo conversatus sum inter vos sine querela*; vous savez que je ne me suis épargné en rien : paroles amies, exhortations, prières, sacrifices, oubli de moi-même, j'ai tout employé; aucune crainte ne m'a empêché de vous adresser les instructions que je jugeai salutaires, *non enim subterfugi quominus docerem vos.* Vous élevez un monument, non point à ma gloire, mais à la gloire de celui de qui vient toute grâce excellente et tout don parfait, de celui qui soutint ma faiblesse et me sanctifia par sa grâce. Ce monument, je m'en réjouis parce qu'il est un témoignage et un gage de votre affection filiale pour vos premiers pasteurs; je m'en réjouis surtout, parce qu'il peut servir à glorifier Dieu; mais il est un autre monument plus cher à mon cœur dont je désire voir l'érection parmi vous : c'est une vie toute chrétienne, une vie qui vous permette d'espérer qu'un jour nous serons réunis dans le sein de Dieu sans crainte de nous séparer jamais. »

Et, en effet, dites-le-moi, mes très-chers frères, à quoi tient la vénération que vous professez si hautement pour Mgr de Simony? à ses vertus, à ses bonnes œuvres; s'il eut été un homme d'une vertu commune et ordinaire, s'il n'eut pas été un saint, vous ne seriez pas réunis pour l'honorer. Eh bien! ce que votre saint évêque demande de vous en ce moment, c'est que vous aussi vous deveniez des saints à son exemple : Soyez mes imitateurs....., et qui pourrait vous empêcher d'en concevoir, d'en réaliser l'espérance? Serait-ce que vous craignez de ne pouvoir exécuter de grandes œuvres, de ne pouvoir faire des choses éclatantes? mais, vous le savez, sa vie pour être imitée n'exige ni grands talents, ni qualités brillantes, ni efforts extraordinaires. Après tout, qu'est-ce que les grands talents, qu'est-ce que les qualités les plus brillantes, auprès des vertus du ciel; les uns égarent trop souvent et ne servent qu'à bouleverser le monde, les autres l'édifient et le sauvent. D'ailleurs, ne savez vous pas que Dieu se contente de ce que vous pouvez? ne savez vous pas que votre bonne volonté seule sera récompensée comme si vous aviez opéré le bien dont votre piété ou votre charité vous auront inspiré le dessein?

Oui, vénérable et pieux pontife, nous suivrons vos leçons et nous imiterons vos exemples; mais vous qui, nous en avons la confiance, avez reçu du prince des pasteurs la couronne de gloire qui ne se flétrit jamais,

4*

et qui avez sur son cœur cette puissance qu'il accorde à ses amis, ah! nous vous en prions, employez pour nous ce crédit puissant que vous avez maintenant près de Jésus-Christ. Du haut du ciel où nous avons la conviction que vous régnez avec lui, vous voyez réunis dans cette enceinte un bien grand nombre de ceux qui vous furent chers. Vous voyez celui qui était destiné à vous succéder comme un fils à son père, celui que l'estime et l'affection vous firent choisir pour occuper le trône pontifical à votre place et qui, en héritant de votre charge pastorale a aussi hérité de votre sollicitude pour le peuple fidèle qui lui est confié. Vous voyez un grand nombre de prêtres qui vous doivent beaucoup, que vous avez enfantés pour la plupart au sacerdoce, que vous avez encouragés, soutenus tant de fois de vos conseils et de vos exhortations paternelles ; vous voyez ces jeunes lévites, vos enfants de prédilection, aux prières desquels vous aimiez, dans vos derniers jours, à venir mêler vos prières et que vous édifiiez par le spectacle des plus humbles et des plus touchantes vertus. Vous voyez de nombreux fidèles qui furent et veulent demeurer toujours vos enfants, et qui, vous le voyez, jusqu'audelà du tombeau, entourent votre mémoire de tant d'amour, de respect et de vénération.

Ame heureuse et sainte, regardez-nous du haut des cieux. — Vénérable serviteur de Dieu, protégez-nous. — Notre père, notre père, vous, le char d'Israël, et celui qui l'avez conduit : *Pater mi, pater mi, currus Israel et auriga ejus!* Ah! continuez de nous diriger au milieu des épreuves pénibles de cette vie. En quittant cette terre, vous avez, comme Elie, laissé votre

manteau ; je veux dire les reliques de votre âme,
l'odeur de votre sainteté, la mémoire de vos vertus et
des œuvres de votre charité ; joignez-y, nous vous en
prions, tous les effets précieux de votre assistance
auprès de Dieu ; que nous soyons tous, comme vous
l'avez été, des hommes pieux, des saints chacun dans
notre état, dans notre condition, et qu'après avoir été
ici-bas les imitateurs de vos vertus, comme des fils
bien-aimés, nous ayons le bonheur d'être un jour
associés à votre gloire dans les tabernacles éternels.
Ainsi soit-il.

FIN.

BESANÇON, IMPRIMERIE DE J. BONVALOT.

www.ingramcontent.com/pod-product-compliance
Ingram Content Group UK Ltd.
Pitfield, Milton Keynes, MK11 3LW, UK
UKHW021710130726
13696UKWH00004B/1732